# Opiniones sobre «Una palabra que cambiará tu vida»

«*Una palabra* es un gran libro que transmite una idea profunda y simple. Elije *una palabra* para que te acompañe todo el año, hazla tuya, vívela y experimenta su impacto en tu vida. Solo tengo una palabra para describir este libro: ¡invaluable!».

**—Ken Blanchard,** coautor de *El mánager al minuto*® y *Liderazgo de nivel superior*

«¡Con mi esposa leímos *Una palabra* y nos encantó! ¡Mi palabra favorita para describir este libro es *poderoso*! Léelo hoy y descubre el poder de Una palabra».

**—Lou Holtz,** exdirector técnico de la Universidad de Notre Dame

«A veces nos sentimos confundidos, desorganizados y creemos que la vida es difícil. Con el libro *Una palabra* descubrirás el camino hacia la simplicidad de tener un objetivo. Con esta guía descubrirás lo que realmente importa y entenderás cómo vivir desde ese enfoque.

T0356614

Este concepto transformará tu vida. Obtén *Una palabra*, léelo, encuentra tu palabra y experimentarás el mejor año de tu vida».

**—Dan Webster,** fundador de Authentic Leadership, Inc.

«En los últimos 10 años, he revisado al menos 1000 libros sobre liderazgo, cambio personal y propósito de vida. Si tuviera que elegir mi favorito, sería *Una palabra que cambiará tu vida*. ¿Por qué? El libro hace una promesa audaz y la cumple. Lo leí de principio a fin dos veces. ¡Dan, Jimmy y Jon crearon un regalo que cambiará tu vida! Te recomiendo que comiences la aventura de *Una palabra* e invites a tus amigos, familiares y compañeros de trabajo a unirse. Pronto vivirás experiencias muy interesantes».

**—Ron Forseth,** vicepresidente de Desarrollo de Negocios, Outreach Inc.

# Una palabra

## *que*

## cambiará

### *tu* vida

# Una palabra
## *que*
# cambiará
## *tu* vida

Edición
ampliada

**JON GORDON DAN BRITTON JIMMY PAGE**

Publicado por John Wiley & Sons, Inc., Hoboken, Nueva Jersey.
Publicado simultáneamente en Canadá.

Publicado originalmente como *One Word That Will Change Your Life, Expanded Edition*.
Copyright 2014 by Jon Gordon, Dan Britton and Jimmy Page.

Para obtener información general sobre nuestros productos y servicios o para obtener soporte técnico, por favor comuníquese con nuestro Departamento de Atención al Cliente dentro de los Estados Unidos al (800) 762-2974, fuera de los Estados Unidos al (317) 572-3993 o fax (317) 572-4002.

Wiley también publica sus libros en diferentes formatos electrónicos. Parte del contenido que encontrará en la versión impresa puede no estar disponible en formatos electrónicos. Para obtener más información sobre los productos de Wiley, visita www.wiley.com.

**Datos de catalogación de publicación de la Biblioteca del Congreso:**

ISBN: 9781394349203 (pbk)
ISBN: 9781394354672 (ePub)
ISBN: 9781394354689 (ePDF)

Diseño de portada: Michael J. Freeland

SKY10099591_030725

Si quieres que tu vida cambie para que sea más gratificante y emocionante que nunca, puedes lograrlo con solo ***Una palabra***.

¡Está comprobado!

# contenido

# Introducción

Si pudiéramos ofrecerte algo que mejoraría sig-
nificativamente tu vida, ¿lo aceptarías? Si esto
fuera intuitivo y fácil de usar, ¿lo probarías?

¿Qué es lo que podemos darte? Solo *Una
palabra*. Sí, *Una palabra que cambiará tu vida*.

En este libro, te guiaremos para que descubras
la palabra destinada para ti. Esa *palabra* será
tu visión o tema para todo el año y te ayudará
a convertirte en la persona que estabas
destinada a ser.

Cuando descubrimos este concepto en 1999,
nunca imaginamos que impactaría miles de
vidas año tras año. Sin embargo, al presenciar
esta transformación, supimos que teníamos que
compartir esta idea transformadora con tantas
personas como fuera posible.

Un concepto simple debe comunicarse de
manera simple. Por eso puedes leer este libro
en tan solo 49 minutos. Aquí, menos es más. La
simplicidad es poderosa.

*Una palabra que cambiará tu vida* es un método comprobado para crear claridad, poder, pasión y un cambio de vida. Las resoluciones a menudo se olvidan, pero *Una palabra* perdura en el tiempo. Al vivir una sola palabra que está destinada para ti, encontrarás un nuevo propósito y enfoque durante todo el año.

Creamos el proceso de *Una palabra* con tres pasos:

1. *Prepara tu corazón:* desconéctate del ritmo frenético de la vida y mira hacia adentro. Eliminar el ruido y el desorden te prepara para poder trabajar el corazón. Te mostramos formas prácticas de crear espacio y prepararte para encontrar lo que necesitas: *Una palabra*.

2. *Descubre tu palabra:* haz preguntas simples para encontrar tu palabra. Creemos que existe una palabras que está destinada solo para ti. Te ayudaremos a descubrirla con cuatro preguntas clave que revelarán tu palabra.

3. **Vive tu palabra:** aplica tu palabra a cada área de tu vida. Este paso te inspirará a vivir todos los días con propósito y pasión.

Además, creamos un plan de acción, que se encuentra al final del libro, para ayudarte a implementar el proceso de *Una palabra* y vivir tu palabra durante el año.

Para mejorar tu experiencia con *Una palabra*, visita www.GetOneWord.com, en donde encontrarás conocimientos adicionales, historias impactantes y recursos útiles.

Únete a miles de personas y a numerosas escuelas, empresas, iglesias y equipos deportivos que han encontrado su palabra. Descubre cómo aprovechar el poder transformador de encontrar *Una palabra*. ¡Comencemos este viaje juntos!

# balance

## propósito

compromiso

# ANIMARSE AMAR

## opportunidad

dar preguntar

## agradecer

generosidad

# Una palabra *que* **cambiará** *tu* vida

balance

**propósito**

compromiso

ANIMARSE AMAR

**opportunidad**

dar preguntar

**agradecer**

generosidad

# capítulo 1

# La historia de *Una palabra*

**Cada Año Nuevo, el 87 % de los adultos** (más de 206 millones de personas) crean nuevos objetivos y resoluciones, solo para obtener los mismos resultados frustrantes de siempre: comienzos en falso y fracasos. De hecho, ¡el 50 % de las personas no podrán cumplir sus resoluciones para finales de enero! Lo leíste bien. Solo la mitad de nosotros mantenemos nuestras convicciones durante al menos 30 días. La mayoría de las resoluciones se olvidan muy rápido. Nos desviamos y nos rendimos. Por eso, cada año se escriben innumerables libros y artículos que prometen un «nuevo tú» y «consigue tu mejor vida ahora».

# Cada año ¡el 87 % de nosotros hacemos resoluciones de Año Nuevo!

Aunque cuando pensamos en estas resoluciones creemos que son soluciones buenas y bien intencionadas, desafortunadamente, se construyen sobre una base defectuosa de más esfuerzo, fuerza de voluntad y metas por alcanzar. Establecemos metas de cosas para hacer en lugar de metas para vivir. El éxito se mide por lo que logramos en lugar de por quién nos convertimos. Hacer resoluciones nos convence de que todo lo que tenemos que hacer es arremangarnos y ponernos a trabajar. La práctica nos anima a pensar en el poder para cambiar nuestras vidas, hacer un plan para aplicarlo y cambiar nuestros hábitos, y luego nos deja actuar. Este enfoque ignora la parte más importante para lograr un cambio de vida: *nuestro corazón*.

Nosotros también establecimos metas y resoluciones al comienzo de cada nuevo año, solo para obtener el mismo resultado frustrante. Conoces la rutina: intentar y fallar; avanzar y retroceder. Nuestra esperanza era mejorar al establecer metas y resoluciones, pero siempre nos faltaba algo.

# La parte más importante para un cambio de vida es un cambio de corazón.

Sentimos el dolor del fracaso, seguido de frustración y culpa. Ya sea que quisiéramos modificar aspectos de nuestro matrimonio, salud, lugar de trabajo o economía, todos coincidimos en que queríamos que las cosas cambien.

Sin embargo, también estábamos viviendo de manera ilógica: hacer las mismas cosas una y otra vez y esperar resultados distintos. Todos hemos oído el dicho: «Si buscas resultados diferentes, no hagas siempre lo mismo». Una y otra vez, no logramos cumplir con nuestros objetivos.

## Algo necesitaba cambiar

En 1999 descubrimos la solución a las resoluciones fallidas y los objetivos no alcanzados. En lugar de intentar desarrollar más fuerza de voluntad, encontramos una manera simple de vivir con más poder. En lugar de crear metas y resoluciones, encontramos una sola palabra que sería nuestro motor para impulsarnos todo el año. Sin metas ni resoluciones. Solo *¡Una palabra!* Elegimos enfocarnos en una sola palabra como temática para el año, esa palabra se convirtió en una visión para todo y cambió nuestras vidas.

# ¡Decidimos probar un enfoque completamente diferente para el año nuevo!

Al simplificar nuestro enfoque, descubrimos el secreto para cambiar la vida. Nuestra fórmula no se basa en nuestra fuerza y determinación, sino en la entrega y la simplicidad. No se basa en la inspiración temporal o en la última charla motivacional. La encontraremos cuando delimitamos nuestro enfoque, porque creemos que menos es más. Para nosotros, la simplicidad creó claridad, poder y pasión.

Algunos de ustedes probablemente estén pensando: «Pero ¿solo con *Una palabra?*». Así es, *solo una palabra*. No una frase, una afirmación o una lista, solo una palabra.

Al principio, queríamos crear una declaración de misión detallada o un eslogan brillante, porque algo en nuestro interior siempre quiere hacer las cosas más complicadas de lo necesario. Pero la verdad es que las personas no recuerdan párrafos u oraciones completas.

Esa complejidad resulta en procrastinación e incluso nos impide avanzar. *Una palabra* es cautivadora y fácil de recordar. ¡Nunca hemos olvidado nuestra palabra!

Hemos aprendido de primera mano que el secreto para una vida simple es *Una palabra*. Palabras como *ayudar, propósito, gracia, entrega, poder* y *disciplina* nos han formado de maneras asombrosas. Al aceptar, adueñarnos y permitir que una sola palabra guiara nuestra vida durante 365 días, nuestras vidas cambiaron por completo. En lugar de estar agobiados con resoluciones poco realistas y objetivos sin cumplir, gracias a enfocarnos en *Una palabra* descubrimos una perspectiva completamente nueva sobre cómo abordar nuestro año. *Una palabra* nos libera, nos brinda nuevos propósitos y significados.

# *Una palabra* crea un enfoque preciso que perdurará en el tiempo.

Para nosotros, el proceso de *Una palabra* creó un enfoque preciso durante todo el año. Se convirtió en el motor clave que nos impulsa y nos ayuda a evolucionar en los seis aspectos de la vida: espiritual, físico, mental, social, emocional y financiero. Nos hemos transformado de muchas maneras a través de este proceso, y prometemos que tú también lo lograrás.

# Nuestras historias

Todos tienen su propia historia de experimentar el proceso de *Una palabra* y el impacto que tiene. Nos gustaría compartir nuestras historias contigo.

## La historia de Dan

En 1999, viajé a Ocean City, Maryland con mi amigo Steve Fitzhugh para dar una gran conferencia juvenil. Durante ese frio viaje en diciembre, Steve me preguntó cuál sería mi objetivo para el próximo año. Después de tomarme varios minutos para pensar en todo lo que quería lograr, le respondí con todas mis esperanzas y sueños para el nuevo año. Me escuchó pacientemente mientras le daba un discurso inspirador sobre todos los cambios significativos que ocurrirían en mi vida.

—Eso es genial, Dan —respondió Steve—, pero te pedí una palabra, no un sermón.

Después de pensarlo por más tiempo, le respondí con mi lema: «Vive al máximo».

—Dan —Steve respondió nuevamente —, eso sigue sin ser una palabra.

Me enojé por no ser capaz de resumir todo en una sola palabra. Era demasiado difícil. ¿Cómo resumir todos mis grandes objetivos, mi gran plan para el año y los cambios radicales que estaban por venir, en una sola palabra?

Le dije a Steve que necesitaba más tiempo para rezar y pensar al respecto. Varias semanas después, llamé a Steve y le dije que mi palabra para el año era *conexión*, porque deseaba tener una mejor conexión en todas las áreas de mi vida, incluida mi relación con mi esposa, familia, amigos y Dios. Como padre, esposo, amigo, líder y atleta, me transformé y logré conectar a nivel más profundo en todas mis relaciones. Fue el año de la *conexión*.

## La historia de Jimmy

Desde el comienzo de nuestra amistad, Dan y yo nos ayudábamos mutuamente para lograr ser nuestra mejor versión, así que cuando Dan describió la idea de cómo limitar el enfoque para lograr un cambio de vida importante, me uní sin dudarlo. Deseaba la simplicidad, pero me ahogaba en mi interminable lista de cosas por mejorar. Año tras año, cada palabra (desde *ir* hasta *rendirse* y *poder*) cambiaron mi vida de manera notable.

Sin embargo, en 2011 pude elegir *Una palabra* que marcó la diferencia: *vida*. Para ser una palabra tan pequeña, ¡tuvo un impacto enorme!

Pensé que iba a ser un año fácil, pero no podría haber estado más equivocado. Rápidamente me di cuenta de que algunas de las palabras que decía a las personas que más amaba no eran positivas, sino que eran críticas y exigían demasiado. Como motivador, vi esto como una oportunidad para mejorar. Luego descubrí que, aunque soy un fanático de la salud, algunos de los alimentos que consumía no me daban vida en absoluto. Además, cuando comencé a prestar atención a mis pensamientos, me di cuenta de que algunos eran negativos y auto-destructivos que me impedían lograr grandes cosas y vivir la vida al máximo. Luego, observé mis relaciones y me di cuenta de que tenía muchas oportunidades para enriquecer la vida de los que me rodeaban, pero que no las estaba aprovechando. En el trabajo me pasaba lo mismo. Fue difícil enfrentar esta realidad, pero fue emocionante experimentar este progreso en todas las áreas de mi vida.

## La historia de Jon

Dan y Jimmy me explicaron el concepto de *Una palabra*, y pensé que era una idea brillante. Se lo transmití a mi esposa e hijos, y todos crearon su propia visión de *Una palabra*.

Mi palabra fue *propósito*. Ese año iba a viajar mucho para dar conferencias en todo el país, y con el tiempo, los viajes, aeropuertos y horarios agotadores pueden desgastarme. Sin embargo, al enfocarme en mi propósito de hacer una diferencia, sabía que me impulsaría, me repondría y me mantendría activo tanto en los viajes como en casa. Sabía que si lograba que mi propósito fuera más grande que mis desafíos, estaría lleno de energía todo el año.

La palabra de mi esposa fue *intencional*. Se dio cuenta de que quería hacer más cosas con intención y vivir su vida, tomar decisiones y cuidar su salud de manera intencionada.

La palabra de mi hija de 12 años fue *impulso*. Bromeé con que mi esposa había elegido la palabra por ella, porque necesita pasar más tiempo estudiando en lugar de enviar mensajes a sus amigos.

Mi hijo de 10 años eligió la palabra *enfoque*. Tan pronto como le pregunté sobre su palabra, dijo *enfoque* sin dudarlo. Quería enfocarse más en la escuela y en la cancha de tenis.

Cada uno pudo elegir *Una palabra* para convertirla en un impulso motivacional en nuestra vida y en nuestra familia; incluso mi hija estaba más motivada que nunca. Experimenté el poder que *Una palabra* puede tener y tuve que compartirlo con otros.

Desde entonces, comparto el proceso de Dan y Jimmy de *Una palabra* con innumerables audiencias, empresas, escuelas e incluso equipos de la NFL. Las respuestas han sido increíbles. Comprobé en persona el poder que *Una palabra* puede tener en la vida de todos los que descubren, viven y comparten su palabra.

# Aprovecha el poder

Cada vez que compartimos el proceso de *Una palabra*, resuena en nuestra audiencia. Es un estímulo para lograr un enfoque inmediato y un cambio de vida. Es tan poderoso que quisimos compartirlo con la mayor cantidad de personas posibles.

Por esta razón, escribimos este libro.

balance

**propósito**

compromiso

ANIMARSE AMAR

**opportunidad**

dar preguntar

**agradecer**

generosidad

# capítulo 2

# El poder de *Una palabra*

**Las palabras son poderosas.** Con ellas puedes inspirar, animar, valorar, sanar y convertir lo imposible en posible. A lo largo de la historia, con las palabras se han transformado sociedades, personas y relaciones. Nos han inspirado a llevar a un hombre a la luna, a avanzar en la igualdad racial y a sanar después de grandes tragedias.

Pero ¿puede *Una palabra* realmente hacer la diferencia? Sabemos que las palabras son poderosas en oraciones y discursos, pero ¿puede *Una palabra* por sí sola cambiar tu vida?

# Una palabra puede marcar la diferencia.

Nuestra respuesta es un rotundo *sí*. Hace casi 15 años que practicamos y enseñamos el proceso de *Una palabra* en nuestros talleres y hemos descubierto que identificar tu palabra para el año puede cambiar lo que piensas, dices, sientes, tus relaciones e incluso tus acciones.

Así como cuando compras un auto nuevo empiezas a ver ese modelo por todos lados, lo mismo ocurrirá cuando elijas *Una palabra*. Encontrar tu *palabra* te brindará claridad y enfoque para enfrentar los desafíos de un mundo ocupado y estresante. Así como una luz enfocada se convierte en un láser que puede cortar acero, una vida enfocada con *Una palabra* puede romper el *statu quo*. *Una palabra* es simple, pero poderosa. La simplicidad, cuando se hace bien, genera impacto.

*Una palabra* también crea relaciones poderosas. Cuando las personas cercanas a ti conocen tu *palabra*, pueden desafiarte y apoyarte para llegar a lo más alto. A menudo recibimos aliento de nuestros seres queridos para maximizar nuestra palabra y vivirla al máximo.

# Tu equipo de apoyo potenciará tu impacto.

Te animamos a compartir tu palabra con tu círculo íntimo: familia y amigos cercanos. Este grupo, tu *equipo de apoyo*, te animará, motivará y celebrará tu éxito.

Las personas que creen en ti potenciarán tu impacto porque de verdad quieren ayudarte a mejorar.

# Los seis aspectos

Al incorporar *Una palabra* en tu vida, generará un impacto importante en los seis aspectos que mencionamos en el Capítulo 1: espiritual, físico, emocional, social, mental y financiero. Sabemos que es así, porque lo vivimos.

**A continuación, compartimos algunos ejemplos de cómo nuestras palabras nos ayudaron a cambiar cada uno de los seis aspectos:**

- *Impacto espiritual:* la palabra de Dan en 2005 fue *avance*. Él buscaba avances en todas las áreas de su vida, especialmente en lo espiritual. Su objetivo era pasar de lo ordinario a lo extraordinario al identificar y eliminar obstáculos que le impedían llegar a donde quería estar. Al eliminar las barreras, renovó sus disciplinas espirituales.

- **Impacto físico:** en 2008, Ivelisse, la esposa de Jimmy, eligió la palabra *creer*. Después de recibir un diagnóstico de cáncer en etapa 4 con muy pocas posibilidades de superviven-cia, aprendió que las palabras importaban y comenzó a confiar que Dios podía hacer lo imposible. Comenzó a creer y confiar, sin im-portar nada más y en el proceso experimentó sanación física.

- **Impacto emocional:** en 2012, Jon eligió entre las palabras *rendirse* y *disfrutar*. Cuando saltó en Año Nuevo al océano, sintió un dolor agudo en la rodilla y le costó salir del agua. Pensó: «No es una gran manera de empezar el año». Pero a medida que se acercaba a la orilla, escuchó la palabra *rendirse* fuerte y claro. Se dio cuenta de que no podía controlar todo.

- **Impacto social:** la palabra de Dan en 2008 fue *sanación*. Su papá luchaba contra la leucemia y Dan rezaba con la esperanza de que logre una sanación física. Aunque su padre falleció, la sanación que ocurrió fue a nivel social, a medida que Dan presenciaba la reparación de heridas pasadas.

- *Impacto mental:* la palabra de Jimmy en 2007 fue *desintoxicación*. Él buscaba eliminar los pensamientos tóxicos que le impedían ser su mejor versión. Creía que los grandes desafíos surgían de la negatividad, por eso comenzó a eliminar lo negativo y lo reemplazo con positividad, posibilidades y fe, lo que fortaleció sus relaciones y su resiliencia.

- *Impacto financiero:* en 2011, Jon introdujo el proceso de *Una palabra* en su empresa, en donde cada empleado pensó en *Una palabra*. Como resultado, obtuvo un mayor enfoque, más poder, energía y compromiso. Fue el mejor año de la compañía.

El poder de *Una palabra* reside en su simplicidad y profundo impacto. Lo simple es poderoso. Una sola palabra realmente puede hacer una gran diferencia. Ahora, es momento de encontrar tu palabra.

# capítulo 3

# El proceso de *Una palabra*

**En la película _Amigos... siempre amigos,_** Billy Crystal interpreta a Mitch, un hombre de negocios que se encuentra de vacaciones y que, con dos amigos, decide emprender una aventura para trasladar ganado. En la mitad del viaje, un vaquero llamado Curly le dice a Mitch que el secreto de la vida es una cosa. Curly hacía hincapié en que era una cosa al levantar un dedo y repetir «Una cosa. Solo una cosa». —¿Qué cosa? —pregunta Mitch. —Eso es lo que _tú_ tienes que descubrir —responde Curly.

# Una cosa que cambia todo.

Ahora que entiendes la historia y el poder de _Una palabra_, seguro te estés preguntando cómo descubrir tu palabra.

Gracias a nuestra experiencia y a nuestro trabajo con muchas personas, creamos un proceso simple de tres pasos que te brindará una estrategia fácil para descubrir *Una palabra* que te acompañará todo el año:

1. **Prepara tu corazón:** mira hacia adentro.
2. **Descubre tu palabra:** mira hacia arriba.
3. **Vive tu palabra:** mantente atento.

En las siguientes secciones, te guiaremos a través de estos tres pasos para ayudarte a encontrar tu palabra o, mejor dicho, para permitir que tu palabra te encuentre. Estamos

EL PROCESO DE *UNA PALABRA*

seguros de que hay una palabra destinada para ti y que, cuando vivas según esa palabra, impactará profundamente en cada área de tu vida.

*Una palabra* no es solo para las personas motivadas. De hecho, funciona mejor para los que están cansados de lo mismo de siempre e incluso un poco frustrados por fracasos anteriores.

## *Una palabra* durante un año para toda una vida.

En realidad, solo hay una cosa que necesitas hacer para poder aplicar *Una palabra*: respirar. Necesitas desear vivir tu vida al máximo y convertirte en tu mejor versión. Si eres así, entonces *Una palabra* es para ti.

No existe receta secreta ni trucos ocultos. Esto es simple: *Una palabra* durante un año para toda una vida. Eso es todo. Todos pueden hacerlo. Lo sabemos porque hemos visto a personas muy diferentes experimentar el poder de *Una palabra*.

# *Una palabra* funciona

*Una palabra* es transformadora. Hemos presentado este poderoso proceso a miles de personas, quienes lo adoptan rápidamente, y da como resultado cambios de vida notables.

Al enfocar tu atención y simplificar tus objetivos, lograrás tener éxito y transformarte, incluso en áreas en las que habías perdido la esperanza.

El proceso de *Una palabra* se puede aplicar tanto en el trabajo como en el hogar. Imagina si todos en tu lugar de trabajo conocieran y vivieran su palabra a diario; lograrían mejorar y ayudar a sus equipos a hacerlo. También imagina la energía positiva que esto podría traer a tu familia.

*Una palabra* es atemporal y efectiva. No cambia sin importar los tiempos o las culturas cambiantes, porque se basa en el poder del proceso de tres simples pasos.

Aunque el proceso requiere algo de tiempo, los resultados valen la pena. Ya seas padre, hijo, adulto mayor, adolescente, líder empresarial o maestro, este proceso funciona.

Comencemos con el primer paso del proceso de encontrar *Una palabra*.

# capítulo 4

# Prepara tu corazón: mira hacia adentro

MIRA HACIA ADENTRO

**John Wooden, uno de los mejores entrenadores de todos los tiempos,** llevó al equipo de baloncesto de UCLA a 13 campeonatos nacionales. Fue la única persona incluida en el Salón de la Fama como jugador y como entrenador. Siempre les decía a sus jugadores: «No prepararse es prepararse para fallar». Para él, la preparación era la clave del éxito.

Cuando hablamos sobre preparar tu corazón, nos referimos a estar listo para mirar hacia adentro. Esto lleva preparación, y como el entrenador Wooden descubrió, esta preparación es el primer paso para tener éxito en el proceso de encontrar *Una palabra*.

Cada año, nos detenemos y preparamos nuestros corazones con intención. Saltarse o apresurar este paso puede hacer que te pierdas la parte más gratificante del viaje de *Una palabra*. Preparar tu corazón crea un terreno fértil para que puedas cambiar tu vida.

# No prepararse es prepararse para fallar.

Abraham Lincoln dijo: «Si tuviera ocho horas para talar un árbol, pasaría seis horas afilando mi hacha». Nada es más frustrante que cortar madera con una cuchilla desafilada, y que atravesar la vida sin enfoque. Tomarse el tiempo para afilar el hacha hace que la tarea sea exitosa. La mayoría de nosotros fallamos en la preparación, no en la tarea en sí.

# El asesino silencioso

No podemos negar que alejarse del ajetreo de la vida es un desafío. Este ajetreo se ha convertido en el asesino silencioso de nuestro tiempo. En chino, la palabra *ajetreo* se representa con un pictograma que combina dos caracteres: *corazón* y *matar*.

El ajetreo es una enfermedad que nos roba la vida. Nos genera estrés, agotamiento y carga nuestros corazones con ansiedad hasta que nos volvemos insensibles e indiferentes a los aspectos más importantes de la vida. El ajetreo nos obliga a entrar en modo de supervivencia y no deja espacio para nuestros propósitos y misión.

El ajetreo hace que deje de importarnos las cosas que valoramos. Algunos somos adictos a él. Cuando suena la alarma, comenzamos a correr y no nos detenemos.

# La actividad no significa tener éxito

Si corres en la carrera de locos, estás en la carrera equivocada. Como expertos

en multitarea, nos han hecho creer errónea-
mente que la palabra *actividad significa tener
éxito*. Si eres como nosotros, puedes incluso
sentirte culpable si no estás ocupado, como
si tuvieras que aprovechar cada momento con
alguna actividad. Si descansamos, rara vez es
en silencio; siempre buscamos otras distracciones para llenar el vacío.

# Invierte

El primer paso y el más importante del proceso de *Una palabra* es *preparar tu corazón*.
Esto implica tomarte un descanso del ajetreo
de la vida y tomarte el tiempo necesario para
preparar tu corazón al reflexionar interna-
mente. El principio es simple: cosechas lo
que siembras. Lo que inviertas en este proceso, lo recibirás a cambio. Las semillas que
plantes hoy serán la cosecha que disfruta-
rás mañana.

A veces, nuestros corazones son como tierra
compactada donde las semillas no pueden
echar raíces. En otras ocasiones, las semillas

crecen, pero se ven ahogadas por las preocupaciones y distracciones de la vida. Sin embargo, a veces caen en la buena tierra de un gran corazón dispuesto a recibirlas. Esas semillas crecen y producen una gran cosecha. Para que puedas lograrlo, no sigas los pasos de manera automática: prepara tu corazón y mira hacia adentro.

Podrías preguntarte cuánto tiempo se necesita para esta preparación. La respuesta varía para cada persona. Algunas comienzan a preparar sus corazones para recibir su palabra en el Día de Acción de Gracias, lo que les da cuatro o cinco semanas antes del año nuevo. Prefieren no apresurarse y disfrutar del tiempo para analizar las posibilidades. Otras reservan una hora el 31 de diciembre. Algunas personas que leen este libro en verano pueden elegir una palabra para la segunda mitad del año y elegir otra palabra cuando se acerque el Año Nuevo. Cualquier enfoque funciona. Dependerá de si buscas una palabra simple o un cambio de vida significativo.

# Nunca es tarde para comenzar con el proceso de Una palabra.

La clave es desconectarse de las obligaciones y del estrés de la vida para prepararse. Ya sea abril, agosto o diciembre, estarás listo para tu palabra. La preparación crea el camino para el crecimiento y la cosecha. Para preparar tu corazón y mirar hacia adentro, sigue dos pasos sencillos: (1) desconéctate y (2) pregunta.

## Desconéctate

Desconectarse requiere que busquemos la soledad y el silencio de manera intencional. Para muchas personas, estar solo y en silencio puede ser difícil y resultar incómodo. A menudo preferimos tener la televisión encendida o los auriculares puestos porque el ruido nos hace compañía. Sin embargo, este ruido nos impide descubrir *Una palabra*.

En el momento de pensar en nuestra *palabra* para el año, es esencial desconectarse de todas las distracciones y crear un ambiente silencioso. Esto significa:

- Sin televisión
- Sin música
- Sin computadora
- Sin teléfono
- Sin otras personas
- Sin listas de tareas

Encontrar un lugar libre de distracciones para preparar tu corazón para descubrir tu *palabra* puede ser un desafío. Descubrimos que levantarse temprano, mientras aún está oscuro y antes que tu familia, es la clave. Otras personas prefieren las horas de la noche. A veces, un lugar aislado en la naturaleza es beneficioso. Sin importar qué lugar elijas, asegúrate de que te permita mirar hacia adentro, descubrir que necesitas para calmar tu mente y escuchar tu corazón.

Lo irónico es que lo primero que notarás en el silencio es el ruido persistente en tu cabeza. Ignorar las preocupaciones diarias, tu agenda y las interminables listas de tareas es un desafío. Se necesita mucho esfuerzo para romper con el ruido de la vida.

# Del silencio nace el poder.

Si superas la incomodidad inicial y miras hacia adentro, verás las cosas con más claridad y te sentirás renovado en cuerpo, mente y espíritu. Experimentarás una paz que quizás no creías posible.

Cuando esto sucede, descubrir tu *palabra* se vuelve más fácil. Existe una frase que dice: «Una palabra con poder es una palabra que surge del silencio». Tu palabra nacerá de la soledad. Asume el compromiso de desconectarte.

# Pregunta

Mientras estás desconectado, el siguiente paso es hacerte estas tres preguntas clave para prepararte para encontrar *tu palabra*:

- *¿Qué necesito?* Concéntrate en lo que realmente necesitas, no solo en lo que deseas. Identifica las áreas de tu vida que necesites cambiar y entiende el por qué. Con esta pregunta revelarás los problemas evidentes y los ocultos que necesitan tu atención y también podrás generar una lista de posibles palabras para el año.

- *¿Qué me detiene?* Identifica los obstáculos que impiden tu crecimiento personal. Pregúntate: «¿Qué me detiene de obtener lo que necesito?» Las respuestas a esta pregunta pueden ser reveladoras. Algunas veces las barreras están simplemente en nuestra mente.

- *¿Qué necesito dejar ir?* A veces, no nos podemos liberar de los errores o el dolor del pasado. La amargura y la falta de perdón pueden impedir el progreso. También, pensar en lo que podría haber sido o podríamos haber hecho nos impide avanzar. Responder esto nos ayuda a identificar las cosas que tenemos que dejar ir para poder progresar.

Estas tres preguntas son poderosas porque te ayudan a encontrar una palabra que tenga impacto en tu vida. A menudo, nos enfocamos en encontrar nuestra *palabra* y pasamos por alto lo que realmente es poderoso: el *por qué* detrás de ella. Conocer el por qué te da un mayor poder para vivir y compartir tu palabra.

# El *por qué* siempre es más importante que el para qué.

Entender el *por qué* suceden las cosas implica reflexionar sobre el pasado, el presente y el futuro. Considera las circunstancias pasadas para aprender de ellas, evalúa tu realidad actual y visualiza a dónde quieres llegar.

Las situaciones pasadas ocurrieron por una razón y son parte de tu historia de vida. Las respuestas a estas preguntas aclaran tu estado actual y por qué quieres hacer cambios.

Una vez que entiendes por qué una palabra en particular resuena contigo, creas un terreno fértil para que esa palabra eche raíces en tu vida.

# capítulo 5

# Descubre tu palabra: mira hacia arriba

**MIRA HACIA ARRIBA**

## Una vez que hayas preparado tu corazón,

estás listo para recibir tu palabra. Leíste bien: recibirla. No tienes que perseguirla ni sentirte estresado por elegirla. Después de que hayas preparado tu corazón, simplemente mira hacia arriba, al Creador.

Todos nosotros estamos destinados a una palabra que depende de dónde estamos en nuestras vidas y hacia dónde quiere guiarnos Dios. Por eso, en una sala con cientos de personas, casi todos tendrán una palabra diferente que refleja sus circunstancias y destinos únicos.

El proceso de mirar hacia arriba debe ser pacífico y esperanzador, alimentado por la fe, no por el miedo y el estrés. No necesitas forzarlo ni añadirlo a tu lista de tareas pendientes.

Después de preparar tu corazón, solo conéctate y escucha. Dios te revelará tu palabra.

# Conéctate

Conectarse requiere que te tomes el tiempo para rezar, ya sea en tu caminata matutina, cuando te vayas a dormir, mientras te duchas, trabajas en el jardín o cuando manejas al trabajo. Rezar es tener una conversación con Dios. Cuando admites lo que necesitas y deseas, tus luchas y fracasos, y tus esperanzas y sueños, le abres tu corazón a Dios y permites que Él comparta su amor incondicional contigo.

Mientras rezas, pídele a Dios que tome el control. Esto requiere valentía, porque te obliga a salir de tu zona de confort. Preferimos ser los conductores del auto. Nos gusta tener el control y tomar las decisiones de nuestras vidas. Sin embargo, rezar nos quita la presión y deja la situación en buenas manos. No necesitas crear tu propia palabra porque Dios tiene una palabra para ti.

# Rezar debería ser nuestra primera reacción, no nuestra última opción.

Mientras rezas, pídele a Dios que revele la palabra destinada para ti. Pregúntale: «¿Qué deseas hacer conmigo y a través de mí?». Recuerda que no se trata de que elijas tu palabra, sino de *recibir* la que está destinada para ti para que la vivas y compartas con los demás.

El proceso de *Una palabra* es un viaje para descubrir la palabra de Dios, no cualquier palabra. Una palabra es buena cuando tiene sentido para un área de tu vida que debes trabajar y desarrollar. Sin embargo, la palabra de Dios es personal y te la revelará para este momento de tu vida en específico.

Al comienzo, las palabras que elegíamos eran un 99 % nuestras y solo un 1 % de Dios. Aun así, Dios era parte del proceso. Hoy en día, con más experiencia, aprendimos a escuchar y observar la guía de Dios al elegir una palabra. Ahora podemos decir que no se trata sobre nosotros, sino sobre Dios. No la elegimos, Dios nos la enseña.

# Descubre la palabra de Dios, no cualquier palabra.

Cuando miramos hacia arriba, reconocemos que Dios sabe lo que necesitamos. La palabra de Dios es la mejor, no te conformes con otra cosa. No te avergüences de preguntarle a Dios por tu palabra. Anímate a escuchar esa pequeña voz y espera que Dios la revele.

# Escucha

La segunda parte de mirar hacia arriba es escuchar. Muchas personas hablan con Dios, pero pocas lo escuchan. Luego de pedirle a Dios que revele tu palabra, es importante que la escuches y te abras a recibirla. Dios usa diferentes formas para comunicarse con nosotros, y nunca sabes cuándo, dónde ni cómo te revelará la palabra.

Es posible que Dios revele tu palabra cuando estes leyendo un libro inspiracional, religioso o la Biblia. Algunas personas escucharán su palabra en una canción, mientras que otras la recibirán cuando estén durmiendo. Muchos niños nos dijeron que recibieron su palabra cuando se fueron a dormir o estaban por rezar, otros que recibieron su palabra cuando estaban cocinando o tomando un baño.

Jon recibió su palabra el año pasado cuando se lastimó la rodilla en el océano. Él escuchó la palabra *rendirse* y sabía que era para él.

Jimmy escucha a Dios cuando anda en bicicleta o entrena. Cuando se ejercita, escucha pódcast sobre enseñanzas y música religiosa. Escribe varias palabras y le pide a Dios que confirme su palabra a través de las escrituras mientras sigue conectado con la fuente.

Dan espera por su palabra con la Biblia en una mano y su diario en la otra. En esos momentos, lee, reflexiona y escribe los pensamientos que tiene. Esto le permite buscar su *palabra* en la palabra de Dios.

No podemos decirte de qué manera se revelará tu palabra. Pero si preparas tu corazón, le pides a Dios la palabra que está destinada para ti y lo buscas en tu vida, Él encontrará la mejor manera de compartir tu palabra contigo. Cuando miras hacia arriba, Dios te da los ojos y oídos para escuchar la palabra que estas destinado a vivir este año.

balance
**propósito**
compromiso
ANIMARSE AMAR
**opportunidad**
dar preguntar
**agradecer**
generosidad

# capítulo 6

# Vive tu palabra: mantente atento

**MANTENTE ATENTO**

**Cuando te llegue tu palabra,** puede aparecer
como una característica, disciplina, persona,
enfoque espiritual, atributo o valor. Aquí tienes
algunos ejemplos de posibles palabras para
inspirarte: *amor, alegría, paciencia, amabilidad,
descanso, rezar, salud, entrenar, flexibilidad,
devoción, intimidad, disciplina, sonrisa, compromiso, superar, audaz, positivo, inocencia, inspirar,
terminar, pureza, integridad* y *fuerza*. Estas palabras no son una lista definitiva, sino un punto
de partida para que tengas ideas. A lo largo de
los años, hemos escuchado a muchas personas

compartir sus palabras únicas y los significados especiales detrás de ellas.

Una de las alegrías de compartir el concepto de *Una palabra* es escuchar las fascinantes palabras que la gente elige y sus razones.

Sin embargo, nuestra parte favorita de ayudar a los otros a encontrar su *palabra* es aprender cómo las personas vivieron su palabra y el impacto que tuvo en sus vidas.

# Vívela

Una vez que descubras tu palabra, es hora de vivirla. ¡Aquí es donde la teoría se pone en práctica; el momento de la verdad!

Esta parte puede ser emocionante. Preparaste tu corazón, encontraste tu palabra y ahora es tiempo de cambiar tu vida. El proceso es emocionante, pero también desafiante. Te enfrentarás a obstáculos inesperados. Muchos dicen que encontrar tu palabra es la parte más difícil, pero en realidad *vivirla* es más complicado. Te verás forzado a salir de tu zona de confort, pero es ahí donde más aprendes. Mantén el rumbo; los resultados valdrán la pena.

Este paso tiene un doble significado: mantente atento a las oportunidades a tu alrededor y mantente atento porque *Una palabra* cambiará tu vida de maneras inesperadas.

# Sal de tu zona de confort.

Es posible que veas áreas para mejorar de inmediato. Esto es lo más fácil de alcanzar. Puede parecer sencillo al principio, pero las partes difíciles para cambiar de tu vida suelen aparecer más adelante. Hemos aprendido muchas lecciones inesperadas a medida que el año avanza.

Es crucial recordar y enfocarte en tu palabra durante todo el año. El estrés y los desafíos de la vida pueden hacerte olvidar tu palabra. Si tu palabra no es una prioridad en tu mente, la olvidarás.

# Cuando encuentras *Una palabra* para ti siempre debes tenerla presente.

Hemos descubierto formas simples y poderosas de mantener *Una palabra* presente durante todo el año.

Primero, coloca tu palabra en lugares importantes para que puedas verla todos los días. Lo que capta tu atención capta tu enfoque; lo que capta tu enfoque se hace. Si no puedes verla, no pensarás en ella. Es muy importante que puedas ver tu palabra todo el tiempo.

Es *tu* palabra, así que hazla tuya, personalízala e internalízala. Crear recordatorios es importante. Aquí hay algunos ejemplos efectivos:

- Escríbela y colócala en lugares visibles, como tu cocina, auto, agenda, escritorio o casillero del colegio.
- Crea un protector de pantalla con tu palabra.

- Pinta tu palabra en un cartel y cuélgalo donde lo veas a diario.
- Toma una foto de tu palabra y guárdala en tu celular.
- Lleva un diario y escribe ideas y lecciones semanales.
- Inicia un análisis de *Una palabra* en la cena una vez a la semana con tu familia.
- Crea un objetivo o desafío semanal cada lunes. Elije uno de los seis aspectos de la vida.
- Busca refranes o citas que se relacionen con tu palabra.
- Elige una canción que te recuerde a tu palabra.
- Escribe un poema o una oración.
- Crea un documento en tu computadora para recopilar información sobre tu palabra.
- Hazte un tatuaje (sugerimos uno removible).

Las opciones para divertirte con tu palabra son infinitas. Disfruta el proceso y encuentra lo que mejor funcione para ti.

Segundo, comparte tu palabra con tu *equipo de apoyo*, que es tu círculo de confianza de amigos y familia. Lo llamamos equipo de apoyo porque te ayuda a crecer. Dales permiso para preguntarte sobre tu palabra. Esto garantiza que permanezcas enfocado en tus objetivos. Cuando compartes cómo te está moldeando tu palabra, ellos se sentirán inspirados a unirse al proceso también.

## Algunos consejos más

A medida que continúas tu viaje con *Una palabra*, aquí tienes algunos consejos. A diferencia de las resoluciones de Año Nuevo, *Una palabra* no es una tarea para marcar en una lista.

# No lo tomes como una tarea, disfruta del viaje.

Es un viaje con altibajos que te moldearán para crear a la persona que estás destinada a ser. No ganas o pierdes con *Una palabra*. Lo que experimentes a lo largo del año es lo que estás destinado a experimentar.

Una vez que hayas elegido una palabra, no la repitas el año siguiente. Incluso si sientes que hay más por aprender o no progresaste como lo esperabas. Cada año debes tener una nueva palabra que refleje nuevas lecciones y crecimiento, incluso si no dominaste completamente la palabra anterior. Los desafíos de vivir tu palabra son parte de tu proceso de crecimiento. Cada año merece un nuevo comienzo con una palabra completamente nueva.

# Elige una palabra nueva cada año, no la repitas.

Cuando hagas estas dos cosas simples (publicar tu palabra en un lugar destacado y compartirla con otros), asegurarás tu crecimiento. No habrá comienzos falsos ni fracasos. Experimentarás momentos buenos y malos, pero todos son parte del proceso. A medida que vivas tu palabra, deja que Dios use la simplicidad de *la palabra* para transformar tu vida cotidiana.

# capítulo 7

# Comparte la palabra

**Imagina si todos viviéramos la palabra destinada para nosotros.** ¿Cómo serían nuestras familias, lugares de trabajo, escuelas y comunidades? ¿Qué tan poderosos seríamos? ¿Qué impacto podríamos tener? Si pudiéramos lograr esto, ¡podríamos cambiar el mundo!

Comparte el proceso de *Una palabra* con tu familia. Después de experimentar su poder en 1999, Dan y Jimmy la compartieron con sus familias. Ahora, tienen la tradición de reunirse cada víspera de Año Nuevo para pintar sus palabras en azulejos que cuelgan en la cocina

*UNA PALABRA*: UNA EXPERIENCIA FAMILIAR

para mantenerlas siempre presentes. Durante este tiempo, también crean *Una palabra* para toda la familia.

# Comparte el poder

Además de con tu familia, también puedes compartir la palabra en tu escuela, lugar de trabajo, equipo deportivo, iglesia y cualquier otro grupo al que pertenezcas. Por ejemplo, hemos compartido el proceso de *Una palabra* con muchas escuelas y escuchamos historias increíbles. Algunos profesores colocan sus palabras en el salón de profesores para tenerla siempre presente y animar a otros con las suyas. Otros profesores alientan a sus alumnos a crear imágenes de sus palabras para colocar en el salón de clases.

También ayudamos a equipos deportivos a que descubran su palabra. Mark Richt, entrenador principal del equipo de fútbol americano de la Universidad de Georgia, hizo que cada jugador descubra y comparta su palabra para el año. Los jugadores colocaron sus palabras en televisores grandes en todo el establecimiento para recordarlas.

Los jugadores de Atlanta Falcons también descubrieron sus palabras. La palabra del entrenador, Mike Smith, fue *terminar* porque deseaba que tanto él como su equipo terminaran más fuertes en todo lo que hicieran. Dijo que tuvo un impacto muy fuerte en su equipo y en él mismo.

Hendrick BMW en Charlotte, Carolina del Norte, colocó un auto en el medio de su sala de exposición con las palabras que cada empleado eligió. Imagina la motivación de todos al ver su palabra todos los días. También imagina a los clientes preguntándose que significaban esas palabras y aprendiendo como *Una palabra* ayudó a Hendrick a desarrollar el mejor equipo y tener el mejor servicio al cliente. ¡Eso es compartir la palabra!

Los hombres en LifePoint Church en Finksburg, Maryland, descubrieron sus palabras y las compartieron para ayudarse entre sí.

El impacto positivo en matrimonios, familias y en la comunidad local fue increíble.

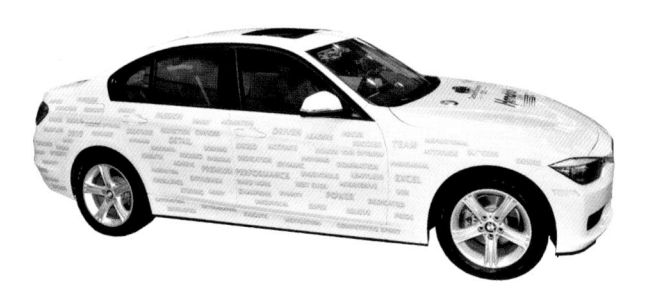

EL AUTO DE *UNA PALABRA*

EL AUTO DE *UNA PALABRA* (DE CERCA)

Además de que cada persona en tu familia y grupo elija su propia palabra, pueden elegir *Una palabra* para el grupo en general.

El personal de Christ's Church en Jacksonville, Florida, escribieron sus palabras en sus manos e hicieron un collage.

**MANOS DE *UNA PALABRA***

Por ejemplo, todo el equipo ejecutivo de
Fellowship of Christian Athletes, una organización sin fines de lucro que conecta a más de
2 millones de entrenadores y atletas, desarrolló
una temática de *Una palabra* para el año. La
palabra del equipo, *juntos*, se convirtió en un
lazo de unión para los miembros del equipo,
y su compromiso y lealtad entre ellos creció
durante todo el año. Esa palabra los ayudó
a centrarse y mantenerse unidos al dirigir la
organización.

# capítulo 8

# *Una palabra* en acción

**Además de los ejemplos compartidos en el capítulo anterior,** miles de personas han llevado *Una palabra* a niveles más altos.

Gente de todas partes nos cuenta cómo sus organizaciones, escuelas, familias y equipos han adoptado *Una palabra*. Hemos visto que *Una palabra* se convirtió en una parte integral de organizaciones enteras y equipos de liderazgo. Transforma cómo las empresas atienden a los clientes, cómo las escuelas educan a los estudiantes y cómo los equipos unen a sus jugadores.

EL IMPACTO DE *UNA PALABRA* EN UNA COMUNIDAD

Esperamos que estas historias inspiren tu creatividad y muestren lo que es posible cuando encuentras *Una palabra*. Las imágenes y descripciones te motivarán a poner tu *palabra* en acción.

## *Una palabra* para escuelas

El poder de *Una palabra* ayuda a los profesores a enfocarse en lo que más importa. En agosto, directores y profesores se reúnen para preparar el nuevo año escolar. Hablan sobre su visión, expectativas, planes y objetivos para el año. Es un proceso repleto de entusiasmo, esperanza y emoción.

# *Una palabra* ayuda a los profesores a sacar lo mejor de sus estudiantes.

Por desgracia, en octubre, la energía positiva de agosto se desvaneció y dio lugar al estrés y desafíos del salón de clases. Los planes y objetivos que se pensaron con tanta pasión terminan olvidándose. *Una palabra* es la solución para este problema. *Una palabra* se mantiene y sirve como motivación para inspirar a cada profesor a ser su mejor versión y sacar lo mejor de cada estudiante.

*Una palabra* le brinda la oportunidad a directores y profesores de lograr trabajo en equipo y unión. Por ejemplo, los profesores de Mahanay Elementary School eligieron sus palabras para el año escolar, y el director hizo remeras con sus palabras. Un gran recordatorio para educar con más compasión, pasión, enfoque y propósito.

REMERAS DE *UNA PALABRA* DE MAHANAY

Los trabajadores en Park Glen Elementary también eligieron sus palabras, hicieron remeras y se tomaron una foto con un dibujo de sus palabras.

PROFESORES DE PARK GLEN ELEMENTARY

Peggy Belt, una profesora de inglés y oratoria de la escuela secundaria de Norfolk, colocó las palabras de sus estudiantes en un cartel de anuncios de *Una palabra* en su salón de clases.

Los trabajadores en Hidden Lakes Elementary en Keller, Texas, realizaron un ejercicio de unión de equipo de *Una palabra* antes del primer día de clases. La iniciativa en contra del acoso escolar de los distritos escolares para este año fue R.O.C.K. (*Reaching Out with Character and Kindness*: Habla con carácter y bondad).

CARTEL DE ANUNCIOS DE *UNA PALABRA*

PIEDRAS DE *UNA PALABRA*

Todos los profesores pintaron *su palabra* en una piedra que colocaron en su salón de clases por todo el año.

**AZULEJOS DE LA ESCUELA**

**AZULEJOS EN EL TECHO**

El director y los trabajadores en TE Baxter Elementary descubrieron sus palabras y el tema de *Una palabra* se transmitió a todos los salones y hasta los pasillos. Los estudiantes pintaron sus palabras en azulejos de techos, lo que dio como resultado un recordatorio colorido y artístico cada vez que recorren los pasillos.

# *Una palabra* para empresas

Los líderes empresariales también han adoptado el concepto de *Una palabra* como una forma sencilla de mejorar la moral, motivar y enfocar a los equipos, y obtener excelentes resultados. *Una palabra* ofrece una mejor alternativa a los números y objetivos para reenfocar la empresa y motivar a los empleados.

¿Esto significa que los líderes empresariales ya no deben compartir objetivos y cifras? Por supuesto que no. Los líderes y las empresas deben continuar estableciendo metas y compartiéndolas al comenzar el año. Es necesario medir el progreso porque todo lo que puedes medir, lo puedes hacer crecer. Sin embargo, debes tener en cuenta que los números no motivan a las personas. Las personas motivadas producen grandes resultados. La motivación real proviene de una pasión y un propósito por hacer un gran trabajo, crecer y marcar la diferencia.

# *Una palabra* te recuerda tu propósito y alimenta tu pasión.

Los líderes pueden ayudar a motivar, inspirar y mejorar a su equipo al guiarlos a descubrir *su palabra* que les recuerde su propósito, los ayude a mantener el enfoque y mantener viva su pasión durante todo el año.

Hemos escuchado de varias empresas que introdujeron el concepto de *Una palabra* en su reunión anual de inicio de año. Al principio, comparten sus metas, pero luego hacen algo diferente: alientan a su equipo a descubrir la palabra que los impulsará a trabajar con más esfuerzo, comprometerse en profundidad, mantener el enfoque y superar sus objetivos. La devolución ha sido increíble

Por ejemplo, la imagen que compartimos a continuación es una ilustración que Jon presentó en una charla de *Una palabra* a los lideres de Gallahher Bassett. Una imagen poderosa que ayudó a cada empleado a entender mucho mejor el proceso de *Una palabra* y elegir su palabra para el año.

**ILUSTRACIÓN GRÁFICA DE *UNA PALABRA***

PARED DE *UNA PALABRA*

CLIENTES RECIBIENDO *UNA PALABRA* ESPECIAL

El dueño de un spa en Roop's Mill, en Maryland, realizó el proceso de *Una palabra* con todo su equipo y colocó las palabras en la puerta de ingreso para que todos los clientes las pudieran ver. Los trabajadores permitieron que los clientes leyeran *Una palabra* mientras los atendían. Los clientes suelen contarles a los trabajadores sus propias palabras y también lo comparten con la comunidad, lo que es bueno para el negocio y para la vida.

El equipo de liderazgo de Pepsi que se encarga de las relaciones con BJ's utilizó un dibujo para enfocarse en sus palabras. A continuación puedes ver la palabra de cada persona al lado de su caricatura.

**EL DIBUJO DE *UNA PALABRA* DE PEPSI**

Kavaliro desarrolló *Una palabra* de la compañía por un año: *avanzar*. Además, cada miembro del equipo descubrió su propia palabra. Colocaron un cartel en las oficinas para que todos puedan verla.

CARTEL DE *UNA PALABRA*

# *Una palabra* para equipos

Entrenadores, deportistas y equipos comprenden el poder del enfoque ya que se relaciona con el rendimiento. Por eso los equipos de todo el mundo utilizan el método de *Una palabra* y obtienen resultados grandiosos.

Los jugadores descubrieron que tener *Una pala-bra* sirve como motivación interna; los ayuda a crecer, mejorar y cumplir con sus tareas. Además, los equipos a menudo descubren un tema de *Una palabra* que unifica su enfoque y esfuerzo.

*Una palabra* ayuda a crear conexión en el equipo y transforma una temporada ordinaria en extraordinaria.

# Tener una gran conexión en el equipo transforma lo ordinario en extraordinario.

Las historias y resultados de los equipos que implementaron *Una palabra* han sido increíbles.

El equipo de baloncesto de la Universidad de Florida Central creó un balón con *Una palabra*: cada jugador escribió su palabra junto con la del equipo. Durante la temporada, viajaron con su balón de baloncesto con todas las *palabras* y lo colocaron en el vestuario antes de cada juego.

El equipo femenino de lacrosse de Gettysburg College hizo un ejercicio en equipo de *Una palabra*. Cada jugadora descubrió su palabra y la colocó en un papel en su vestuario. Al lograr enfocarse como equipo, experimentaron un gran éxito, ganaron el campeonato y avanzaron en las eliminatorias.

¡Balón con las *palabras* que el equipo colocaba en su vestuario antes de cada partido!

BALÓN CON *UNA PALABRA*

EQUIPO FEMENINO DE LACROSSE DE GETTYSBURG COLLEGE

El equipo femenino de baloncesto de la Universidad del Sur de Florida desarrolló su proceso de *Una palabra* a través de una pintura que colocaron en los vestuarios. Si observas con atención, notarás que la palabra de cada jugadora se encuentra en la pintura.

PINTURA DE *UNA PALABRA* DE LA UNIVERSIDAD DEL SUR DE FLORIDA

El equipo femenino de baloncesto de la Universidad de Oklahoma colocó su cartel de *Una palabra* en el vestuario de visitantes cada vez que viajaban para tener un recuerdo constante del objetivo del equipo durante la temporada.

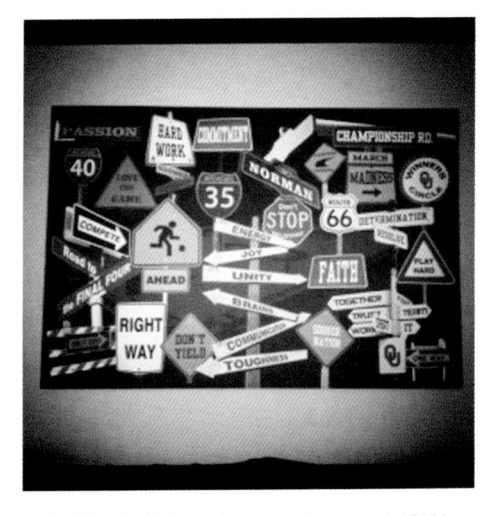

CARTEL DE LA UNIVERSIDAD DE OKLAHOMA

**SOFTBALL DE MURRAY STATE**

El equipo de softball de Murray State colocó la *palabra* del equipo, *valientes*, en una figura recortada con forma de pelota de softball, y cada jugadora colocó su propia palabra en un bate de softball. En la imagen anterior se muestra el resultado.

El equipo masculino de baloncesto de Santa Clara se mantuvo enfocado y con energía positiva durante todo el año al crear un documento del proceso de *Una palabra*. Todos los jugadores, entrenadores, equipo y personal administrativo eligieron sus palabras y las escribieron en forma de círculo, para demostrar su unión, junto con *Una palabra* y el objetivo del equipo. Ganaron más de 20 partidos y se recuperaron de una decepcionante temporada del año anterior.

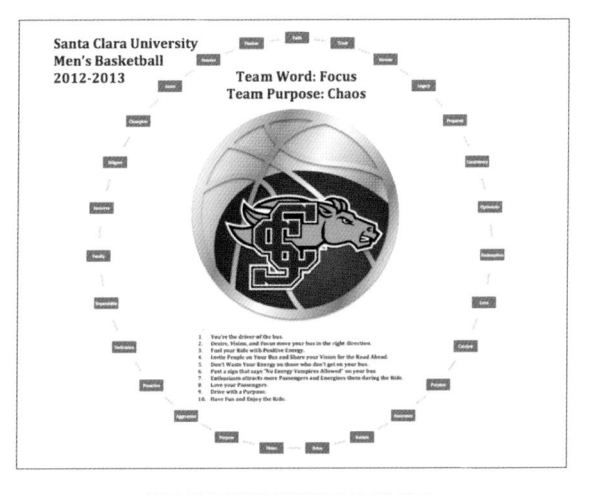

BALONCESTO DE SANTA CLARA

Uno de los equipos deportivos más importantes de China utilizó *Una palabra* como un ejercicio de unión transformador. Atravesaron los tres pasos del proceso juntos, descubrieron sus palabras y las escribieron en unas piedras pequeñas como recordatorio. Las palabras fueron: *atesorar, expectativa, fortaleza, confianza, fuerza, alegría, mentalidad, gratitud, creer, pensar, fe, enfoque, agradecer, objetivos, trabajo* y *momento*.

*UNA PALABRA* EN CHINA

# *Una palabra* para familias

Cuando las familias adoptan la práctica de *Una palabra*, rápidamente experimentan su poder transformador. En el mundo ocupado de hoy, donde cada miembro de la familia a menudo va en diferentes direcciones, *Una palabra* ayuda a unificar y fortalecer las relaciones.

La tradición de todos los años de sentarse juntos a pintar imágenes de *Una palabra* crea recuerdos duraderos y se convierte en un ritual familiar muy apreciado y esperado por todos. Cuando cada miembro de la familia comparte su *palabra*, brinda oportunidades para animar a los demás y una visión de sus expectativas para el año.

FAMILIA COOPER

Colocar estas palabras en lugares visibles, como la cocina, sirve como un recordatorio poderoso y genera conversaciones continuas alrededor de la mesa. Familias como los Cooper (*perdonar, rezar, ser*) y los Stephens (*compasión, grandeza, paciencia, renovación, vivir y pasión*) pintan imágenes de sus palabras y las colocan en sus hogares como recordatorios constantes.

**FAMILIA STEPHENS**

# capítulo 9

# El legado de *Una palabra*

**El verdadero poder del viaje de *Una palabra* radica en su implementación.** Al compartir tu palabra con tu familia y organización, no solo mejoras tú mismo, sino que también enriqueces la vida de quienes te rodean. A medida que todos en tu organización adoptan y viven sus palabras, se convierten en una fuerza positiva e influyente, lo que genera un impacto significativo.

# Conviértete en una fuerza poderosa y positiva en el mundo.

Lo que haces hoy moldea quién serás mañana. Tus acciones durante el año determinan el legado que dejas. Las pequeñas decisiones que tomas mientras vives tu *palabra* guían la dirección y el destino de tu vida y de los que te acompañan en tu viaje.

Tu palabra moldea tu carácter. Tu carácter influye en tus acciones. Tus acciones afectan a otros. Las vidas que transformas y el impacto que tienes definirán la historia que se contará sobre ti en el futuro.

# Cuando vives tu palabra cada año, dejas un legado duradero y generas un gran impacto.

Durante la historia, personas con pasión, propósito y valor dejaron legados perdurables y cambiaron el mundo. Cada año, *Una palabra* ayudará a moldear tu destino e incluso la historia.

A medida que te involucras en el proceso de *Una palabra*, recuerda que no solo te estás moldeando a ti mismo, sino también al mundo que te rodea. Estás creando tu legado de *Una palabra*.

Para ayudarte a tomar acción y crear tu legado, el próximo capítulo proporciona un plan de acción para hacerlo realidad.

balance

**propósito**

compromiso

ANIMARSE AMAR

**opportunidad**

dar preguntar

**agradecer**

generosidad

# capítulo 10

# Mi
# *palabra*

**Cada vez que compartimos el concepto de** *Una palabra* **con otros,** la respuesta siempre es positiva: «¡Me encanta! No puedo creer que nunca haya hecho esto antes. Es tan simple y obvio. No puedo esperar para empezar». Después de que los participantes vivieron *Una palabra* durante el año, escuchamos: «¡Qué año tan poderoso! He aprendido tanto. Esto es algo que haré por el resto de mi vida. Por cierto, mi palabra para el próximo año es…».

Nunca nadie nos dijo: «Intenté eso de *Una palabra* y no funcionó». La única manera en que no funcionará es si no lo haces. No se trata de si *Una palabra* funciona; se trata de si pondrás *Una palabra* en acción en tu vida. Descubrir y vivir tu palabra funcionará siempre porque hay una palabra destinada para ti que cambiará tu vida para mejor.

Para guiarte a través del proceso de *Una palabra*, creamos el siguiente plan de acción para ayudarte a preparar tu corazón, descubrir tu palabra, vivirla y compartirla.

# Plan de acción

## Prepara tu corazón: mira hacia adentro

Tómate tiempo para hacer lo siguiente:

- Desconectarte de las distracciones.
- Reflexionar sobre algunas preguntas esenciales.

Crea un ambiente tranquilo sin ruidos ni distracciones para mirar hacia adentro, calmar tu mente y realmente escuchar a tu corazón. Hazte estas tres preguntas y anota tus ideas:

- ¿Qué necesito?

  _____
  _____
  _____
  _____

- ¿Qué me detiene?

  _____
  _____
  _____
  _____

- ¿Qué necesito dejar ir?

_____

_____

_____

_____

## Descubre tu palabra: mira hacia arriba

Con tu corazón preparado, es hora de desconectarte y escuchar.

Dios tiene una palabra destinada para *ti*. Él puede comunicarse de varias maneras, y nunca sabes cuándo o cómo se revelará tu palabra.

Pregúntale a Dios: «¿Qué quieres hacer en mí y a través de mí?». Escribe lo que venga a tu corazón. Mantente abierto a la palabra de Dios.

Una vez que descubras tu palabra, escríbela en el espacio proporcionado.

# Una palabra

_____

## para el año:

_____

## Vive tu palabra: mantente atento

Una vez que descubras tu palabra, es hora de
vivirla. Aquí es donde la teoría se convierte
en práctica.

Mantén tu *palabra* visible. Escribe tres acciones
para asegurarte de recordarla todos los días:

1. _____

2. _____

3. _____

Comparte *tu palabra* con tu equipo de apoyo
para tener más éxito. Enumera tres personas
en tu círculo cercano con quienes compartirás
tu palabra esta semana:

1. _____

2. _____

3. _____

## Comparte la palabra

¡Comparte tu entusiasmo por tu proceso con
*Una palabra* del año con los demás! Cuéntales
sobre tu viaje.

Identifica tres organizaciones que se beneficia-
rían de este proceso y compártelo con ellas:

**1.** _____

**2.** _____

**3.** _____

Visita www.GetOneWord.com para compartir
un resumen de una página del proceso de *Una
palabra* con tu familia, equipo u organización.

¡Felicitaciones! Nos emociona tenerte como
parte del equipo de *Una palabra*.

Esperamos cambiar vidas juntos, una palabra a
la vez. Comparte tu palabra con nosotros:

- En línea: GetOneWord.com
- Twitter: @GetOneWord
- Facebook: facebook.com/GetOneWord

# balance
# **propósito**
# compromiso
# ANIMARSE AMAR
# **opportunidad**
# dar preguntar
# **agradecer**
# generosidad

# GetOneWord.com

El poder de *Una palabra* ha transformado miles de vidas. Ahora, es tu turno. Ofrecemos recursos gratuitos para ayudarte a implementar el proceso de *Una palabra*.

- Comparte tu historia de *Una palabra*.
- Descarga tu plan de acción de *Una palabra* gratis.
- Crea y comparte carteles de *Una palabra*.
- Mira el video de *Una palabra*.
- Suscríbete a nuestro boletín gratuito.
- Descubre recordatorios creativos de *Una palabra*.

balance

**propósito**

compromiso

ANIMARSE AMAR

**opportunidad**

dar preguntar

**agradecer**

generosidad

# *Una palabra* que cambiará tu equipo

Si deseas guiar a tu equipo de liderazgo u organización a través del proceso de *Una palabra*, ofrecemos retiros de liderazgo, capacitación y sesiones de formación de equipos para diversas organizaciones. Comunícate con nosotros para obtener más información.

- **Correo electrónico:** info@GetOneWord.com
- **Sitio web:** GetOneWord.com
- **Boletín mensual gratuito:** GetOneWord.com
- **Twitter:** @GetOneWord
- **Facebook:** Facebook.com/GetOneWord

Para comprar copias al por mayor de *Una pala-bra que cambiará tu vida* para grandes grupos u organizaciones con descuento, contacta a tu librería favorita o comunícate con Wiley Special Sales en specialsales@wiley.com o al (800) 762–2974.

# Agradecimientos

Hay un proverbio africano que dice: «Si quieres ir rápido, ve solo; pero si quieres llegar lejos, ve acompañado». Escribir un libro nunca es un viaje solitario. Queremos agradecer a nuestro *equipo ideal de Una palabra*: a nuestros amigos, familia y socios que nos han ayudado a vivir el proceso soñado de *Una palabra*. Aunque no podemos agradecerles a todos, nos gustaría reconocer a las siguientes personas:

- El equipo de John Wiley & Sons, Inc. Gracias por creer en este proyecto y por inspirarnos a seguir adelante. En especial a Matt Holt, Shannon Vargo, Elana Schulman y Lauren Freestone. Son los mejores.
- Ramona *Touchdown* Tucker: tus contribuciones únicas y tu increíble apoyo son invaluables.
- Dan Webster: gracias por ayudarnos a simplificar nuestro proceso de *Una palabra* y por ser un verdadero ejemplo de liderazgo.
- Dios: por darnos nuestras *palabras* cada año y por el don de la vida plena a través de Jesús. Estamos eternamente agradecidos.

- Dan quisiera agradecerle a su esposa, Dawn, y a sus hijos, Kallie, Abby y Eli, por su apoyo inquebrantable. Un agradecimiento especial a Steve Fitzhugh por el desafío de descubrir su primera *palabra* en 1999.

- Jimmy quisiera agradecerle a su esposa, Ivelisse, y a sus cuatro hijos, Jimmy, Jacob, Johnny y Gracie, por su aliento, risas y amor constante. Lo convirtieron en el hombre más afortunado del mundo.

- Jon quisiera agradecerle a su esposa, Kathryn, y a sus dos hijos, Jade y Cole, por su amor y apoyo incondicional. También quiere agradecer a Dan y Jimmy por compartir el proceso de *Una palabra* con él y su familia.

- A todos los creyentes del proceso de *Una palabra* que lo usaron y difundieron durante años.

# Sobre los autores

**Dan Britton** es el vicepresidente ejecutivo de Ministerio Internacional y Entrenamiento en Fellowship of Christian Athletes (FCA) en Kansas City, Missouri. Se unió a FCA en 1991 y trabajó en Virginia durante 13 años. Dan jugó *lacrosse* en St. Stephen's High School en Virginia y en la Universidad de Delaware. También jugó *lacrosse* profesional en interiores durante cuatro años con los Baltimore Thunder y ganó reconocimiento como estrella y nominaciones para los premios de Servicio y Héroe Desconocido. Dan coescribió *WisdomWalks* y *WisdomWalks SPORTS*, y escribió y editó nueve libros de FCA. Con frecuencia brinda conferencias en varios eventos y aún juega y es entrenador de *lacrosse*. Dan reside en Overland Park, Kansas, con su esposa, Dawn, y sus tres hijos: Kallie, Abby y Elijah.

Puedes enviarle un correo electrónico a Dan a dan@fca.org.

**Jimmy Page** es el vicepresidente de Ministerio de
Campo y director nacional de Ministerio de
Salud y Fitness para FCA. Creció en Rochester,
Nueva York y participó en tres deportes en la
escuela secundaria. Jimmy tiene dos títulos de
Virginia Tech y ha sido un líder en la industria
de la salud y el fitness durante casi 20 años.
Es un entrenador certificado de rendimiento
deportivo de Nike y presenta el programa de
radio *Fit Fridays*. Jimmy y su esposa, Ivelisse,
crearon la fundación contra el cáncer believe-
big.org después de que ella ganara su batalla
contra el cáncer. Coescribió *WisdomWalks*,
*WisdomWalks SPORTS* y *PrayFit*. Jimmy es un
orador y entrenador y alienta a las personas
a maximizar sus vidas. Disfruta de entrenar,
hacer ciclismo y triatlones. Jimmy e Ivelisse
viven en Maryland con sus cuatro hijos: Jimmy,
Jacob, John y Gracie.

Puedes enviarle un correo electrónico a Jimmy
a jpage@fca.org.

**Jon Gordon** es un autor de libros exitosos y orador. Sus libros y charlas han inspirado a muchos, incluidos equipos de la NFL, NBA y universidades, empresas, escuelas, hospitales y organizaciones sin fines de lucro. Sus obras incluyen *El autobús de la energía* (un *best seller* del Wall Street Journal), *La regla de no quejarse*, *Campo de entrenamiento*, *El tiburón y el pez dorado*, Sopa, *El perro positivo* y *La semilla*. Jon se presentó en *The Today Show*, CNN, *Fox & Friends* y en varias publicaciones para compartir sus consejos. Sus clientes incluyen los Atlanta Falcons, Campbell Soup, Wells Fargo, State Farm, Novartis y Bayer, entre otros. Jon disfruta de jugar al tenis o *lacrosse* con su esposa y dos hijos.

Puedes enviarle un correo electrónico a Jon a info@jongordon.com. Síguelo en Twitter en @JonGordon11.